AUTORES:

JOSÉ MARÍA CAÑIZARES MÁRQUEZ
CARMEN CARBONERO CELIS

COLECCIÓN: MANUALES PARA PADRES SOBRE ACTIVIDAD FÍSICA, SALUD Y EDUCACIÓN EN LOS NIÑ@S

CÓMO MEJORAR LAS CAPACIDADES FÍSICAS DE TU HIJO

COLECCIÓN MANUALES PARA PADRES SOBRE ACTIVIDAD FÍSICA, SALUD, Y EDUCACIÓN EN LOS NIÑ@S

CÓMO MEJORAR LAS CAPACIDADES FÍSICAS DE TU HIJO

José Mª Cañizares Márquez

- Catedrático de Educación Física
- Tutor del Módulo del Practicum del Master de Secundaria
- Especialista en preparación de opositores
- Autor de numerosas obras sobre Educación y Preparación Física

Carmen Carbonero Celis

- D. E. A. en Instituciones Educativas
- Licenciada en Pedagogía
- Maestra de Primaria y Secundaria en centros de Educación Compensatoria
- Didacta del Módulo de Pedagogía General en el CAP
- Profesora de Pedagogía Terapéutica en Centro Educación Primaria
- Autora de varias obras sobre Educación Primaria y Secundaria

Título: CÓMO MEJORAR LAS CAPACIDADES FÍSICAS DE TU HIJO

Autores: José Mª Cañizares Márquez y Carmen Carbonero Celis

Editorial: WANCEULEN EDITORIAL

Sello Editorial: WM EDICIONES

Dirección Web: www.wanceuleneditorial.com, www.wanceulen.com,

Email: info@wanceuleneditorial.com

I.S.B.N. (PAPEL): 978-84-9993-559-1

I.S.B.N. (EBOOK): 978-84-9993-583-6

©Copyright: WANCEULEN S.L.

Primera Edición: Año 2017

Impreso en España

WANCEULEN S.L. C/ Cristo del Desamparo y Abandono, 56 41006 SEVILLA

Reservados todos los derechos. Queda prohibido reproducir, almacenar en sistemas de recuperación de la información y transmitir parte alguna de esta publicación, cualquiera que sea el medio empleado (electrónico, mecánico, fotocopia, impresión, grabación, etc), sin el permiso de los titulares de los derechos de propiedad intelectual. Cualquier forma de reproducción, distribución, comunicación pública o transformación de esta obra solo puede ser realizada con la autorización de sus titulares, salvo excepción prevista por la ley. Diríjase a CEDRO (Centro Español de Derechos Reprográficos, www.cedro.org) si necesita fotocopiar o escanear algún fragmento de esta obra.

ÍNDICE

INTRODUCCIÓN. 7

1. CAPACIDADES FISICAS BÁSICAS. CONCEPTO Y CLASIFICACIÓN. 9

    1.1. Condición física. 9

    1.2. Clasificación. 10

    1.3. Las capacidades físicas básicas en el Diseño Curricular. 11

2. LA RESISTENCIA. SU EVOLUCIÓN Y FACTORES QUE INFLUYEN EN SU DESARROLLO. 13

    2.1. Definición. 13

    2.2. Clasificación. 13

    2.3. Su evolución y factores que influyen en su desarrollo. 16

3. LA FUERZA. SU EVOLUCIÓN Y FACTORES QUE INFLUYEN EN SU DESARROLLO. 18

    3.1. Definición. 18

    3.2. Clasificación. 19

    3.3. Su evolución y factores que influyen en su desarrollo. 20

4. LA VELOCIDAD. SU EVOLUCIÓN Y FACTORES QUE INFLUYEN EN SU DESARROLLO. 21

    4.1. Definición. 21

    4.2. Clasificación. 21

    4.3. Su evolución y factores que influyen en su desarrollo. 23

5. FLEXIBILIDAD. SU EVOLUCIÓN Y FACTORES QUE INFLUYEN EN SU DESARROLLO. 25

    5.1. Definición. 25

    5.2. Clasificación. 26

    5.3. Su evolución y factores que influyen en su desarrollo. 26

CONCLUSIONES 28

BIBLIOGRAFÍA 28

WEBGRAFÍA 30

INTRODUCCIÓN

Abordamos este Tema a través del estudio de cada capacidad física básica: definición, clasificación, cómo es su evolución y los factores que inciden en su desarrollo.

Todas las acciones que se realizan en una actividad deportiva (conducciones, pases, saltos y carreras diversas, etc.) requieren un soporte físico considerable. Así, los esfuerzos cardiorrespiratorios, musculares, articulares, neuronales, etc. son decisivos para el rendimiento motor final. Por lo tanto, hay una **relación indirecta** entre la condición física y los objetivos, contenidos y criterios de evaluación, porque las capacidades físicas son unos factores imprescindibles para el movimiento y el juego motor.

No obstante, durante las edades propias de la Etapa Primaria no debemos incidir directamente en su desarrollo, en todo caso al final de la misma puede comenzarse un trabajo "puente" con vistas a la E.S.O., pero siempre bajo el prisma de la "**salud**", prevención de lesiones, valoración de la actividad física, etc. (R.D. 126/2014).

Hasta **Amorós** (1770-1848), el problema de las capacidades físicas sólo había sido tratado de forma sintética; él trató de dar enfoques y soluciones distintas a todos los problemas relacionados con la educación física, siendo concretamente uno de sus seguidores, **Bellin de Coteau**, quién ideó el nombre de las "*cualidades físicas*", distinguiendo la fuerza, la velocidad, la resistencia y la destreza (Álvarez, 1983).

Hasta tal punto las capacidades físicas han tomado importancia, que cada vez se trata más de clasificarlas y definirlas con el fin de adaptar al sujeto a una forma de entrenamiento más específica.

Las capacidades físicas evolucionan con la edad, comenzando su desarrollo más significativo con el inicio de la pubertad, sobre todo entre los 12 y 18 años (Morente, 2005).

1. CAPACIDADES FISICAS BÁSICAS. CONCEPTO Y CLASIFICACIÓN.

Utilizaremos el término "*capacidad*", aunque sabemos que existe un debate abierto sobre "*capacidad*" o "*cualidad*" (Reina y Martínez, 2003).

Las capacidades físicas son cualidades, factores, potencialidades o recursos orgánico-corporales que tiene el individuo. Tal es el caso de doblarse (flexibilidad), correr rápidamente (velocidad). etc. De igual forma podemos afirmar que son unas "predisposiciones innatas" en la persona, factibles de **mejora** en un organismo sano y que permiten todo tipo de movimientos. Se manifiestan en **todas** las habilidades motrices. Por ejemplo, el salto necesita potencia, la cuadrupedia precisa fuerza, etc. (Cañizares, 2004).

También son conocidas por **capacidades condicionales** o **fundamentales** porque condicionan el rendimiento físico del individuo y porque pueden ser desarrolladas mediante el acondicionamiento físico (Hernández y Velázquez, 2004).

1.1. CONDICIÓN FÍSICA.

La **condición física** es el estado de forma que posee cada persona (Torres, 2005). Hay que entenderla como un **sumatorio** de capacidades y constituye el soporte de todo entrenamiento deportivo, ya que no es posible imaginar el aprendizaje y utilización de las distintas técnicas, tácticas de competición, etc. sin el desarrollo de la condición física (Cirujano, 2010). Se sustenta en una base orgánica (aparato locomotor, circulatorio y respiratorio), una buena alimentación (energía) y van a ser susceptibles de mejora con la práctica del ejercicio físico (Peral, 2009).

Morente (2005), basándose en autores como Legido, entiende que la condición física incluye a la condición anatómica, fisiológica y motriz.

En general, la condición física va a venir determinada por el nivel de desarrollo de las diferentes capacidades físicas básicas (fuerza, resistencia, velocidad y flexibilidad) (González, Pablos y Navarro, 2014).

El concepto de **condición biológica** engloba al de física tradicional más la composición corporal, dada la importancia de la misma en nuestra sociedad, donde la **obesidad** es un problema de primer orden (Delgado, Tercedor y Torre, 2008).

En términos generales decimos que un deportista está en **buena** condición física cuando es capaz de rendir en condiciones normales y responder a los esfuerzos que le exige la actividad deportiva que realiza, por lo que sus capacidades físicas básicas y combinadas están en **pleno desarrollo** o han alcanzado su cumbre, así como la personalidad, que es otro factor que influye en el rendimiento. Ya hemos dicho que estos términos están **mediatizados** por unas condiciones **intrínsecas** tales como condición anatómica, sistemas nervioso, muscular, respiratorio, vascular, etc., pero también por unas condiciones **extrínsecas**: ambiente sociocultural, alimentación, etc.

No obstante, debemos **huir** de lo que conocemos por "**rendimiento deportivo**" y centrarnos en los aspectos educativos y saludables. Así pues, toda connotación a los sistemas de entrenamiento y su control, así como los modernos sistemas de **gestión** y software comercial para análisis del rendimiento: Focus, Quintic, Prozone, Dartdish, Crickstatm SiliconCoach, SportsCode, etc. **no** tiene ningún tipo de **aplicación** en el ámbito educativo (Pérez Turpin, 2012).

Por ello, la forma de incrementar la condición física en el alumnado de Primaria se basa en el **acondicionamiento físico básico** o mejora de las capacidades físicas básicas a través de la práctica de la Educación Física de Base y como **factor de ejecución de la habilidad motriz** (Avella, Maldonado y Ram, 2015). Como estamos en el ámbito educativo y recreativo, el componente **salud** es primordial, de ahí que hoy día se hablemos del término "*condición física-salud*". Al contrario, el **acondicionamiento físico específico** se corresponde con el rendimiento deportivo y la competición, identificándose con el término "*condición física-rendimiento*", del que debemos huir en nuestra etapa educativa (Delgado y Tercedor, 2002).

"*Acondicionamiento físico es el desarrollo intencionado de las capacidades físicas. El resultado obtenido será el grado de condición física*" (Generelo y Lapetra, 1993).

1.2. CLASIFICACIÓN.

Aunque a lo largo de los años cada autor tenía una opinión distinta a la de los demás, hoy día hay establecidos dos grandes grupos de capacidades: Físicas y Motrices (Perceptivo-Motrices para algunos) y un tercero que combina a las dos anteriores.

Las **capacidades físicas básicas** son aquellas que se caracterizan por ser más **independientes** unas de otras. Por ejemplo, podemos trabajar únicamente la fuerza o la resistencia. Las **motrices** son aquellas que necesitan un gran aporte del **S. Nervioso** y están **ligadas** unas con otras. Es muy difícil trabajar de forma autónoma coordinación sin equilibrio o viceversa. Las **combinadas** resultan de la **unión** de dos o más básicas más coordinación y equilibrio.

Cañizares (2004), sintetiza las clasificaciones en el siguiente mapa conceptual:

```
                    ┌─────────────┐
                    │ CAPACIDADES │
                    └─────────────┘
              ↙            ↓            ↘
         ( FÍSICAS )  ( COMBINADAS  )  ( MOTRICES )
                      (      O      )
                      (  COMPLEJAS  )
              ↓            ↓         ↙         ↘
        ┌─────────┐  ┌──────────┐ ┌──────────┐ ┌──────────────┐
        │ BÁSICAS │  │ AGILIDAD │ │ EQUILIBRIO│ │ COORDINACIÓN │
        └─────────┘  └──────────┘ └──────────┘ └──────────────┘
          ↓   ↓   ↓   ↓
       ┌──────┬──────┬───────┬────────┐
       │Fuerza│Veloc.│Resist.│ Flexib.│
       └──────┴──────┴───────┴────────┘
```

Cada una de ellas tiene, por regla general, numerosas **variantes**.

Bouchard (Canadá), citado por Álvarez (1983), especifica las capacidades orgánicas (resistencia orgánica o aeróbica -"endurance" en países francófonos-); musculares (fuerza, potencia, resistencia muscular o anaeróbica y flexibilidad) y perceptivo-cinéticas (velocidad, coordinación, habilidad y equilibrio).

También Grosser (1988), citado por Mora (1989), detalla que la condición física viene determinada por Fuerza, Rapidez, Resistencia y Movilidad. Igualmente Gundlack (1968), citado por Mora (1989), determina a las capacidades condicionantes y coordinativas, y así numerosos autores.

García Manso y cols. (1996), citados por León (2006), establecen dos grupos: capacidades condicionales y capacidades coordinativas.

1.3. LAS CAPACIDADES FÍSICAS BÁSICAS EN EL DISEÑO CURRICULAR.

Las capacidades físicas se diversifican con claridad en los currículos de la Educación Obligatoria. En Primaria se hace una presentación global de ellas dentro de un marco de práctica de las habilidades motrices. En edades posteriores, se limitan a objetivos muy influidos por el modelo condición física-salud, con esfuerzos moderados y evaluación criterial. La idea de la educación física-rendimiento dejó de existir oficialmente en la escuela (Navarro, 2007).

El **R. D. 126/2014** destaca para esta Etapa el binomio "condición física-salud creando hábitos saludables". Dentro de los elementos curriculares, apuntamos:

a) **CC. CLAVE**
Competencia sociales y cívicas. Las actividades dirigidas a la adquisición de las habilidades motrices requieren la capacidad de asumir

las diferencias así como las posibilidades y las limitaciones propias y ajenas. El cumplimiento de las normas que rigen los juegos colabora con la aceptación de códigos de conducta para la convivencia. La Educación física ayuda a entender, desarrollar y poner en práctica la relevancia del ejercicio físico y el deporte como medios esenciales para fomentar un estilo de vida saludable que favorezca al propio alumno, su familia o su entorno social próximo. Se hace necesario desde el área el trabajo en hábitos contrarios al sedentarismo, consumo de alcohol y tabaco, etc. **Competencia digital** en la medida en que los medios informáticos y audiovisuales ofrecen recursos cada vez más actuales para analizar y presentar infinidad de datos que pueden ser extraídos de las actividades físicas, deportivas, competiciones, etc. El uso de herramientas digitales que permitan la grabación y edición de eventos (fotografías, vídeos, etc.) suponen recursos para el estudio de distintas acciones llevadas a cabo.

b) **Objetivos de Etapa**: El objetivo más relacionado es el "k": *"valorar la higiene y la salud, aceptar el propio cuerpo y el de los otros, respetar las diferencias y utilizar la educación física y el deporte como medios para favorecer el desarrollo personal y social"*, habida cuenta la condición física está presente en las prácticas de juegos motores en mayor o menor medida. Por ejemplo, velocidad en los juegos de relevos.

La **O. del 17/03/2015**, indica:

c) **Objetivos de Área**: Objetivo 2: *Reconocer y utilizar sus capacidades físicas, habilidades motrices y conocimiento de la estructura y funcionamiento del cuerpo para el desarrollo motor, mediante la adaptación del movimiento a nuevas situaciones de la vida cotidiana.*
Objetivo 4: *Adquirir hábitos de ejercicio físico orientados a una correcta ejecución motriz, a la salud y al bienestar personal, del mismo modo, apreciar y reconocer los efectos del ejercicio físico, la alimentación, el esfuerzo y hábitos posturales para adoptar actitud crítica ante prácticas perjudiciales para la salud.*
Objetivo 6: *Conocer y valorar la diversidad de actividades físicas, lúdicas, deportivas y artísticas como propuesta al tiempo de ocio y forma de mejorar las relaciones sociales y la capacidad física, teniendo en cuenta el cuidado del entorno natural donde se desarrollen dichas actividades.*

d) **Bloques de contenidos**. En el **bloque** nº 2 *"La Educación física como favorecedora de la salud"*, se especifican muchos aspectos relacionados con la condición física, como:
- Movilidad corporal orientada a la salud (1º C.)
- Mejora genérica de la condición física-salud (2º C.)
- Calentamiento y recuperación (3º C.)

El **R. D. 126/2014**, indica:

e) **Criterios de evaluación**. El nº 6 nos dice: 6. *"Mejorar el nivel de sus* *capacidades físicas, regulando y dosificando la intensidad y duración del esfuerzo, teniendo en cuenta sus posibilidades y su relación con la salud".*

f) **Estándares de aprendizaje**. Los correspondientes al 6º criterio, son:

6.1. Muestra una mejora global con respecto a su nivel de partida de las capacidades físicas orientadas a la salud.
6.2. Identifica su frecuencia cardiaca y respiratoria, en distintas intensidades de esfuerzo.
6.3. Adapta la intensidad de su esfuerzo al tiempo de duración de la actividad.
6.4. Identifica su nivel comparando los resultados obtenidos en pruebas de valoración de las capacidades físicas y coordinativas con los valores correspondientes a su edad.

2. LA RESISTENCIA. SU EVOLUCIÓN Y FACTORES QUE INFLUYEN EN SU DESARROLLO.

La resistencia es uno de los componentes básicos en el rendimiento deportivo y es usualmente tenida como la más importante para tener una buena condición fisiológica, debido a que nos permite realizar una carga intensa mucho tiempo, así como recuperarnos tras un esfuerzo (González, Pablos y Navarro, 2014).

Su manifestación más clásica se observa en las carreras de larga distancia, donde los corredores utilizan sus reservas energéticas (Legaz, 2012). En el ámbito escolar supone que los alumnos participen dinámicamente en sus juegos durante el segundo tiempo pedagógico.

2.1. DEFINICIÓN.

La colectividad de autores consideran la resistencia como "*la capacidad de realizar un esfuerzo de mayor o menor intensidad durante el máximo tiempo posible*" (Torres, 2005), aunque también puede definirse como "*la capacidad de oposición del individuo a la fatiga*" (Harre 1987, citado por Reina y Martínez, 2003). Piñeiro (2006b), en su estudio, establece la importancia del cansancio en la definición de resistencia: "*capacidad de resistir frente al cansancio*", diferenciando diversos tipos de éste: físico, mental, sensorial, motor y motivacional, así como sus causas y síntomas objetivos y subjetivos.

2.2. CLASIFICACIÓN.

Al repasar la bibliografía existente nos encontramos tantas clasificaciones como autores. A los conceptos tradicionales se le han ido añadiendo distintos tipos según se empleen para su clasificación unos códigos u otros. Los criterios más extendidos los resumimos en este cuadro:

CONCEPTOS CLASIFICATORIOS DE RESISTENCIA (Adaptado de Zintl, 1991, Los Santos, 2004, Piñeiro, 2006b y González y Navarro 2010)			
• **Participación muscular** - Según el volumen muscular que interviene: . R. Local . R. General - Según la forma de intervención de la musculatura esquelética: . R. Dinámica . R. Estática	• **Sistema energético** - R. Aeróbica . Glucídica . Lipídica - R. Anaeróbica . Láctica . Aláctica	• **Duración del esfuerzo** - R. Aeróbica: . Duración Corta . " Media . " Larga - R. Anaeróbica: . Duración Corta . " Media . " Larga	• **Relación con la actividad deportiva** - R. de Base - R. Específica

Nos centramos en los tipos de resistencia más **tradicionales**, en base a la **solicitud de Oxígeno**:

a) **Resistencia aeróbica.-** Es la capacidad de mantener un esfuerzo de **media** intensidad durante un tiempo prolongado (Anselmi, 2015). Se realiza en presencia de oxígeno, o lo que es lo mismo, el oxígeno que necesitan los músculos para su actividad proviene en su mayor parte del que tomamos a través de la respiración, sin necesidad de obtenerlo de las reservas de nuestro organismo, por lo tanto, **no** se produce deuda de oxígeno y se considera un esfuerzo en "equilibrio" entre el gasto y el aporte, con una duración ilimitada (Maynar y Maynar -coords.-, 2008).

La resistencia aeróbica la podemos subdividir en:

- **Capacidad aeróbica**: Aquí se ubican los esfuerzos en los que el metabolismo aeróbico es claramente predominante. Por ejemplo, la Carrera Continua (para algunos "extensivo continuo").

- **Potencia aeróbica**: Serán los esfuerzos que se van aproximando a la igualdad entre los dos tipos de metabolismo (aeróbico y anaeróbico), considerándose el límite cuando en un ejercicio se produce un 50% de cada uno, por ejemplo una carrera de 1500 m. al máximo de las posibilidades personales (Generelo y Lapetra, 1993).

CUADRO: Características fundamentales de ambas resistencias.

	RESISTENCIA AERÓBICA	RESISTENCIA ANAERÓBICA
Frecuencia cardiaca (aprox.)	120-160 p. m.	+ 180 p. m.
Duración	Larga (+10 min.)	Corta (20 " - 2')
Intensidad	Media/Suave (<80%)	Alta
Aconsejable en Primaria	Sí	No

b) **Resistencia anaeróbica.-** Es la capacidad de mantener un esfuerzo de **alta** intensidad durante el mayor tiempo posible. Se realiza en ausencia de oxígeno, es decir, existe un predominio de los procesos anaeróbicos sobre los aeróbicos, al obtener una gran parte del oxígeno necesario para la actividad de las **reservas** del organismo. Por ello se produce una deuda de oxígeno que es proporcional al mayor o menor predominio de los procesos anaeróbicos. La podemos subdividir en (Maynar y Maynar -coords.-, 2008):

- **Capacidad anaeróbica**: Comprende los esfuerzos en los que la deuda de oxígeno aún no es excesiva, a pesar del predominio del metabolismo anaeróbico, por ejemplo una prueba de 800 m.

- **Potencia anaeróbica**: Engloba a los esfuerzos cuya deuda de oxígeno es muy manifiesta, por tanto habrá un gran predominio del metabolismo anaeróbico. El ejemplo más visible es una prueba de 400 m. (Generelo y Lapetra, 1993).

Estos dos tipos de resistencia se combinan durante los **juegos motores** de niñas y niños en los tres tiempos pedagógicos.

En cuanto a las **fuentes energéticas** solicitadas en el trabajo de la resistencia, el **ATP** es el único **producto** que permite la contracción muscular.

En el siguiente croquis, extraído de Comes (2000), Hernández y Velázquez (2004), Forteza y Ramírez (2005) y Piñeiro (2006b), entre otros, resumimos **cómo se produce** a través de los **tres sistemas** o vías más conocidos.

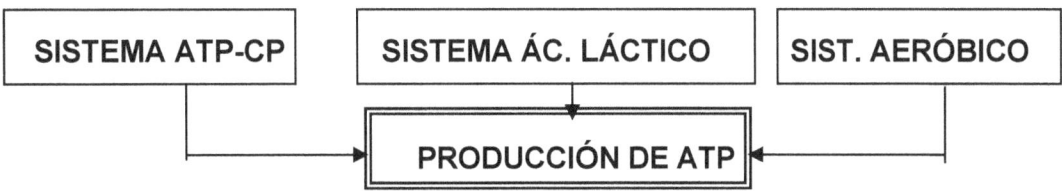

- **Sistema ATP-CP→** (Adenosín – trifosfato) y (fosfocreatina). Está almacenado en los músculos y es la primera vía utilizada en los esfuerzos violentos. Dura unos pocos segundos.

- **Sistema Ácido Láctico→** Asegura el suministro energético mediante las reservas de glucógeno del citoplasma de la célula muscular, con

producción de ácido láctico. Utilizable muy pocos minutos.
- **Sistema Aeróbico→** Esta fuente se usa en esfuerzos largos y de baja intensidad. El suministro de oxígeno es suficiente para oxidar y resintetizar el ácido láctico en glucógeno, con la liberación de anhídrido carbónico, agua y energía.

2.3. SU EVOLUCIÓN Y FACTORES QUE INFLUYEN EN SU DESARROLLO.

Seguimos a Mora (1989), Batalla (1995), Sebastiani y González (2000), Reina y Martínez (2003), Los Santos (2004), Cañizares (2004), Forteza y Ramírez (2005), Morente (2005), Piñeiro (2006b), Hornillos y Lera (2006), León (2006), Gómez Mora (2008), Rosillo (2010), González y Navarro (2010), López Chicharro y otros (2013), González, Pablos y Navarro (2014) y Anselmi (2015).

Hasta los 12 años el tipo de resistencia que, sobre todo, debemos desarrollar es la **aeróbica**, y dentro de ella la **capacidad** aeróbica. Diversos autores, como Köler (1977), Berg (1980), etc. -citados por Hornillos y Lera (2006)- manifiestan que niñas y niños entre ocho y doce años tienen excelentes condiciones para realizar esfuerzos aeróbicos muy efectivos, con niveles de adaptación parecidos a los de las personas adultas, porque metabolizan los ácidos grasos con un tasa de oxidación de lípidos superior a las de los mayores. Convenimos utilizar juegos de carrera (de letras, populares, etc.); juegos relacionados con las habilidades motrices, etc.

Prácticamente la totalidad de los autores coinciden en que la resistencia **anaeróbica no** se debe trabajar en estas edades, esto no debemos entenderlo de forma categórica ya que en muchos momentos, niñas y niños, van a **entrar** en fases anaeróbicas, tanto durante sus juegos con los amigos, como en una clase de educación física, y esto no nos debe extrañar. Debemos tener en cuenta, que su respuesta cardiaca es **superior** a la de los adultos, y por tanto con un elevado número de pulsaciones pueden estar trabajando en aerobiosis. Simplemente en ejercicios de marcha pueden oscilar entre 120 y 130 pulsaciones, lo que para un adulto supondría casi un esfuerzo de capacidad aeróbica. Ante esta circunstancia, lo mejor es **no forzarlos**, dejarlos recuperar libremente y con naturalidad.

Por otro lado, debemos atender a la **globalidad** y no trabajar exclusivamente la resistencia aeróbica o "de base", entre otras cosas porque puede producir efectos negativos en los niveles de velocidad y potencia. Independientemente de ello y habida cuenta que nos referimos a chicas y chicos de Primaria, su desarrollo debe basarse en una metodología amena y motivadora, con juegos divertidos para que provoquen la atención selectiva hacia lo lúdico.

En cualquier caso, debemos tener en cuenta a unos "**indicadores subjetivos**" para controlar la resistencia y evitar sobre esfuerzos. Por ejemplo, centelleo de los ojos, ejecuciones incorrectas o descoordinadas de habilidades y destrezas, pérdida de la concentración y apatía ante estímulos externos -incluida mala percepción-, sudoración desmedida o fría con palidez en ciertos casos, sofocación, sensación de debilidad o decaimiento, aparición de manchas rojas en la piel etc.

En los últimos años se relaciona la frecuencia cardiaca con la **zona de actividad**. Ésta se refiere a los distintos ritmos o intensidades que podemos llevar a cabo cuando hacemos resistencia. Partimos de las cinco zonas de actividad definidas por Edwards (1996), por lo que es necesario conocer previamente los porcentajes de ritmo cardiaco personal, y que se calculan a partir de la frecuencia cardíaca máxima teórica aconsejable (220 – edad en hombres y 226 – edad en mujeres). Este autor formula estos cinco espacios de intensidades, desde el aeróbico más liviano hasta el anaeróbico más duro.

% Ritmo cardiaco	Zona de entrenamiento:
50-60%	Zona de actividad moderada. Para quienes se inician. Calentamiento.
60-70%	Zona de control de peso. La energía procede de la degradación de las grasas.
70-80%	Zona aeróbica. Mejora cardiorrespiratoria en general.
80-90%	Zona de umbral anaeróbico. Ritmo duro. Se metaboliza ácido láctico. No abusar.
90-100%	Zona de la línea roja. Peligro. Para muy entrenados.

En **Primaria** debemos mantenernos dentro de los **tres primeros**.

Resumimos la **evolución** de la Resistencia en la siguiente tabla (Torres, Párraga y López, 2001):

EVOLUCIÓN DE LA RESISTENCIA EN LAS EDADES DE EDUCACIÓN PRIMARIA	
1º Ciclo	Mejora la resistencia (ajuste motor) en los esfuerzos aeróbicos. No hay diferencia entre los sexos.
2º Ciclo	Al poseer mejor coordinación se hacen movimientos más eficaces y económicos y ello se refleja en esfuerzos de mayor duración.
3º Ciclo	Los test denotan mejor capacidad para resistir esfuerzos continuados. Hacia los 11 años (niñas) y 12 años (niños), se entra en fase de menor capacidad para resistir esfuerzos continuados por aparición de la pubertad.

Siguiendo a Cambeiro (1987) y Piñeiro (2006b), podemos resumir los **factores** que influyen en su desarrollo en:

- Número de mitocondrias de la fibra muscular. A más estructuras de combustible, más capacidad de soportar esfuerzos.

- Consumo de oxígeno que es capaz de tener el individuo. Es la mayor cantidad de O_2 que el organismo es capaz de utilizar en condiciones de actividad máxima.

- Cantidad de deuda de oxígeno que es capaz de soportar. A más capacidad de soportar el débito, mejor rendimiento.

- Tipo de fibra dominante, la roja es favorecedora de la resistencia.

- Cantidad de glucógeno en el músculo y de hemoglobina en sangre.
- Calidad y cantidad de los vasos sanguíneos en el músculo.
- Volumen cardíaco y capacidad pulmonar.
- Umbral anaeróbico. Es el momento en el que durante una actividad de intensidad creciente, el mecanismo anaeróbico de obtención de energía empieza a tener más importancia que el aeróbico.
- Capacidad para soportar y eliminar el lactato, que es un producto de desecho.
- Coordinación general. Es básica para no malgastar energía.
- Edad.
- Aspectos psicológicos, en gran parte influidos por los anteriores: ansiedad, miedo a la competición, autoconfianza, motivación

Estos factores están **relacionados** entre sí, por lo que no debemos verlos de forma aislada.

La Resistencia podemos valorarla en Primaria (preferentemente en 6º curso) con test de 600 metros, Mini Cooper, Course Navette o de Leger, etc.

3. LA FUERZA. SU EVOLUCIÓN Y FACTORES QUE INFLUYEN EN SU DESARROLLO.

La fuerza es la principal fuente de movimiento, es la base de todo dinamismo corporal (Anselmi, 2015). Dentro de las capacidades físicas básicas, constituye uno de los factores fundamentales para la obtención del resultado deportivo González y Navarro (2010). Las interpretaciones que se han hecho de la fuerza varían de unos autores a otros, dando diversos sentidos al mismo concepto (Piñeiro, 2006a).

3.1. DEFINICIÓN.

La fuerza puede ser definida desde diferentes ámbitos: mecánico, fisiológico y deportivo (León, 2006).

Morehouse-Miller (1986) la definen como "*La capacidad de ejercer tensión contra una resistencia*". Mosston (1978) entiende que es: "*La capacidad de vencer una resistencia exterior o de adaptarla por medio de un esfuerzo muscular*", ambos citados por Piñeiro (2006a). Normalmente estos son los dos autores más nombrados.

3.2. CLASIFICACIÓN.

La fuerza casi nunca se manifiesta en el humano de forma pura. Cualquier movimiento implica la participación de varias expresiones de fuerza (González Badillo y Gorostiaga, 2002).

Portolés (1995), basándose en Álvarez (1983), entre otros, establece **tres grupos** en función de la **masa** a mover y de la **velocidad** de ejecución de los movimientos, como vemos en estos cuadros.

  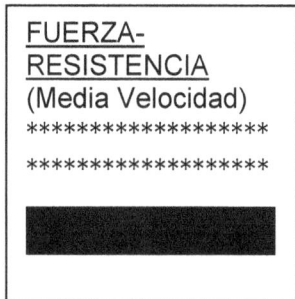

En este dibujo podemos observar que el **trazo oscuro** se corresponde con la carga o peso a vencer y las ******** con la velocidad de ejecución del movimiento a efectuar.

Existen muchas clasificaciones en función de otros factores. Una muy conocida es por el tipo de contracción muscular realizada, aunque destacando que hay dos más **primarias**: isotónica e isométrica y las demás son **combinaciones** de éstas (Segovia y otros, 2009):

1. Contracciones más primarias:

A) Isotónica o Anisométrica. Tipo de contracción en la que la fibra muscular, además de contraerse, modifica su longitud. La tensión no será máxima en todo su recorrido. Hay dos clases de contracción Isotónica:

- **Concéntrica.** Cuando durante la contracción la longitud del músculo disminuye.
- **Excéntrica.** Cuando durante la contracción la longitud del músculo aumenta.

Se corresponde con la **fuerza-resistencia** y con la **fuerza-rápida**.

B) Isométrica. Tiene lugar cuando el músculo ejerce la fuerza contra un peso u objeto inamovible. El músculo conserva la misma longitud. Se identifica con la **fuerza máxima**.

2. Combinaciones de contracciones:

A) Auxotónica. Resulta de la combinación de una contracción isotónica y otra isométrica. Se produce en algunos juegos populares, como el "soga-tira", "pulso" y "pulso gitano". También en ciertos deportes de lucha como Judo.

B) **Isocinética**. Es una contracción isotónica constante durante todo el recorrido articular. Por ejemplo, natación a braza, piragüismo y remo.
C) **Pliométrica**. Combina una contracción isotónica excéntrica, seguida de una concéntrica, con un mínimo intervalo de isometría entre ambas. Por ejemplo, a la hora de hacer un salto, antes de hacerlo hacemos una pequeña semi flexión de rodillas.

La forma en que el músculo genera **tensión** puede ser, como la contracción, muy variada. Cuadrado, Pablos y García (2006), resaltan dos grandes grupos: **Tónica** (mantenida) y **Fásica** (breve). A partir de aquí surgen numerosas variantes que se corresponden con los tipos de fuerza que se realice: explosivo-tónica, fásica-tónica, explosivo-balística, veloz-cíclica, etc.

3.3. SU EVOLUCION Y FACTORES QUE INFLUYEN EN SU DESARROLLO.

Extractado, entre otros, de Generelo (1993), Manno (1999), Sebastiani y González (2000), González Badillo y Gorostiaga (2002), Reina y Martínez (2003) Los Santos (2004), Cañizares (2004), Forteza y Ramírez (2005), Morante (2005), Piñeiro (2006a), Cuadrado, Pablos y García (2006), León (2006), Gómez Mora (2008), Rosillo (2010), González y Navarro (2010), Legaz (2012), (González, Pablos y Navarro, 2014) y Anselmi (2015).

Hasta los 10 años, la fuerza aparece por igual en chicas y chicos. Como la pubertad se inicia antes en ellas, hacia el final de la Etapa Primaria las niñas son más fuertes que los niños porque el músculo, de una forma natural, aumenta en grosor y longitud, con el consiguiente incremento ponderal. Poco a poco se va incrementando en periodos muy significativos.

Resumimos la **evolución** de la Fuerza en la siguiente tabla (Torres, Párraga y López, 2001):

EVOLUCIÓN DE LA FUERZA EN LAS EDADES DE EDUCACIÓN PRIMARIA	
1º Ciclo	Evolución natural por crecimiento y maduración. La base de su aplicación recae en el conocimiento del propio cuerpo.
2º Ciclo	La evolución viene determinada por el crecimiento y mejora de la coordinación.
3º Ciclo	Se incrementa la fuerza-velocidad por mejor coordinación y potencia de salto. Su aumento es constante a partir de los 11-12 años en chicas y en los chicos a partir de los 12-13 años. Sigue una evolución paralela al crecimiento corporal.

Podemos resumir los **factores que influyen en su desarrollo**, en:

- Sección transversal. A más diámetro, más fuerza.
- Longitud y grado de tensión previa del músculo. A más longitud, más fuerza. Además, la pre-tensión o semi-flexión ayuda a conseguir mejores valores.
- Tipo de fibra, la blanca es más potente que la roja.

- Edad y sexo.
- La eficacia mecánica. Relacionada con la cadena cinética y el grado de coordinación agonista/antagonista.
- Momento de inercia. Es mejor partir con un movimiento previo.
- Motivación.
- Factores hormonales relacionados con las hormonas testosterona, insulina y del crecimiento, entre otras.
- Temperatura del músculo. El calentamiento previo mejora la capacidad de contracción.
- Grado de cansancio y buena alimentación.

En cuanto a su **medición**, al final de la Etapa Primaria, podemos utilizar los test que están **estandarizados**, con objeto de controlarla:

- Tren superior: Lanzamiento del balón medicinal de 2 Kg. desde sentados o desde de pie.
- Tren inferior: Salto en profundidad, trisalto, pentasalto y detente.
- Tronco: Abdominales durante 20 ó 30 segundos con rodillas flexionadas y brazos cruzados al pecho.

4. VELOCIDAD. SU EVOLUCIÓN Y FACTORES QUE INFLUYEN EN SU DESARROLLO.

Es uno de los recursos físicos fundamentales para la práctica de cualquier deporte. Puede decirse que la velocidad es una capacidad innata en cuanto caracteres fisiológicos se refiere, pero mejorable en cuanto a la capacidad de coordinación, técnica y potencia (Anselmi, 2015). Claro está, que lo referido a lo heredado va a ser decisivo y casi definitivo para el futuro de esta capacidad en el sujeto (González, Pablos y Navarro, 2014).

4.1. DEFINICIÓN.

Podemos definirla de varias formas, según el tipo al que nos refiramos. De forma general, es la "*capacidad de realizar movimientos con la máxima rapidez*" (Torres, 2005).

4.2. CLASIFICACIÓN.

Existen multitud de tipos de velocidad. Cañizares (2004), las agrupa en dos categorías:

FORMAS PRIMARIAS DE VELOCIDAD	VARIANTES DE LA VELOCIDAD
a) V. Reacción	d) V. Aceleración
b) V. Segmentaria o Gestual	e) V. - Resistencia
c) V. Traslación o de Desplazamiento	f) V. Agilidad
	g) V. con balón

Las primarias son más "puras", buscan exclusivamente la explosividad. Las otras dependen de otros factores, como la coordinación.

a) V. de Reacción. Se suele definir como "*la capacidad de responder, en el menor tiempo posible, ante la aparición de un estímulo*" (Freire, 2000).

Distinguimos **dos** tipos de velocidad de reacción:

- **V. de reacción simple**. Cuando la respuesta es siempre la misma ante un estímulo que es conocido (Piñeiro, 2007). Por ejemplo, saltar a la palmada.
- **V. de reacción discriminativa**. Cuando la respuesta varía dependiendo del estímulo exterior. Es el caso típico de la mayoría de los deportes de equipo donde hay un móvil por medio: voleibol, fútbol, etc. Existen varios estímulos y una única respuesta. Por ejemplo, el base de B. Cesto analiza a quién pasar y elige al mejor situado en brevísimas fracciones de tiempo.

  a) **V. Segmentaria o Gestual**. Consiste en realizar un gesto técnico deportivo de forma explosiva. Distinguimos dos tipos:

- **Velocidad acíclica**. Es un único movimiento realizado a gran velocidad. Por ejemplo, remate en voleibol, lanzamiento a puerta en balonmano, etc.
- **Velocidad cíclica**. Es una sucesión de movimientos realizados a gran velocidad. Por ejemplo, el ciclista en un esprint.

c) V. de Desplazamiento. La mayoría de autores coinciden en definirla como "la capacidad que permite recorrer una distancia corta y recta en el menor tiempo posible". En estas acciones se sabe que el individuo no llega directamente a su máxima velocidad, sino que tarda unos segundos en alcanzarla y que, una vez obtenida, no se puede mantener demasiado tiempo. La velocidad de traslación viene determinada por unos factores propios, por lo que no puede ser una capacidad **aislada** (Grosser, 1992):

- **Amplitud de zancada**. A su vez depende del poder de impulsión o **potencia**, la **longitud** de los miembros inferiores, la **técnica** de carrera y del nivel de **flexibilidad**.
- **Frecuencia de zancada**. Es dar el mayor número de pasos por unidad de tiempo, también depende de la fuerza, flexibilidad, dominio de la técnica y factores neuronales.
- **Velocidad-Resistencia**. Es mantener la máxima velocidad durante el

máximo tiempo posible. Es de tipo láctica.

- **Factor relajación-coordinación**. Es de gran importancia, pues nos va a permitir utilizar de forma correcta las energías en aquellos músculos que van a realizar el trabajo, relajando los que no.

d) V. de Aceleración. Permite que nos pongamos a la máxima velocidad de desplazamiento. Es decir, llegar desde una posición estática al 100% de intensidad en el mínimo tiempo posible.

e) V.-Resistencia. Actúa a partir de los 60 metros. Es de metabolismo anaeróbico láctico. (Ver punto 2.2).

f) V. Agilidad. Es realizar trayectos cortos al 100% de intensidad, pero **no en línea recta**. Por lo tanto, se trata de "*dominar el cuerpo en el espacio con precisión y velocidad adecuadas*" (Cañizares, 2004). Es muy habitual en deportes de equipo: fútbol, baloncesto, etc., así como en los juegos motores infantiles.

g) V. con Balón. Consiste en desplazarnos a la máxima velocidad que nos sea posible, pero controlando eficazmente al balón. Por lo tanto **influye** decisivamente el nivel de **coordinación general y óculo-segmentaria** del alumno, entre otros factores. Por ejemplo, en situación de contraataque, un jugador de baloncesto, balonmano, fútbol o hockey en posesión del móvil.

Si seguimos la flecha del dibujo, que representa los **tramos** sucesivos de la velocidad de traslación durante una carrera de 100 metros, podemos distinguir las diferentes modalidades (Cañizares, 2004):

Velocidad de reacción al iniciarse el movimiento tras la señal de salida; en este momento el atleta comienza a aplicar la **velocidad de aceleración**, es decir, a tratar de conseguir la máxima velocidad de desplazamiento, que ocurre hacia los 40 metros. Ahora ejerce ya la **velocidad máxima** del individuo que puede mantenerse hasta los 60 metros. A partir de aquí, actúa la **velocidad-resistencia** o capacidad de mantener la máxima velocidad alcanzada durante el mayor tiempo posible, aunque utilizando el sistema anaeróbico láctico.

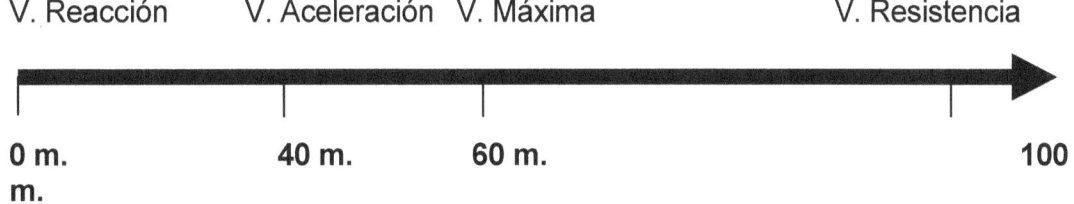

4.3. SU EVOLUCIÓN Y FACTORES QUE INFLUYEN EN SU DESARROLLO.

Extractado de Weineck (1988), García Manso (1998), Sebastiani y González (2000), Reina y Martínez (2003), Los Santos (2004), Cañizares (2004), Forteza y Ramírez (2005), Morente (2005), León (2006), Gómez Mora (2008), Legaz (2012) y Anselmi (2015).

Se encuentra influenciada por el desarrollo biológico y el crecimiento, aunque muy determinada por el potencial genético del individuo.

Desde los 8 y hasta los 12 años se produce el máximo incremento en el desarrollo de la frecuencia de movimientos, mientras que la amplitud de los pasos aumenta progresivamente con la edad y el crecimiento. Por ello, la velocidad máxima en carrera también se incrementa de forma progresiva con la edad, tanto en sujetos entrenados como en los no entrenados. La frecuencia de movimientos en un velocista es prácticamente la misma, se trate de un niño de 8-9 años como de un campeón de 22 años. Sin embargo, la velocidad de desplazamiento del campeón es más elevada por la influencia de los factores antropométricos (estatura y longitud de los miembros inferiores), y por los diferentes niveles de potencia muscular. Ambas proporcionan una mayor impulsión que determinan zancadas más amplias y, consecuentemente, más velocidad de desplazamiento.

Debemos considerar que, antes de afrontar el entrenamiento de la velocidad en niños y niñas, hay que tener en cuenta ciertos aspectos fundamentales para que el provecho sea óptimo y los perjuicios mínimos, hechos que pueden condicionar radicalmente el rendimiento del deportista en su edad madura:

- Los métodos y medios para su desarrollo deben ajustarse a las diferentes **edades** y características de los jóvenes escolares.

- Es de vital importancia aprovechar las fases **sensibles**. Grosser (1992), señala que entre los 8-10 y los 12 años es cuando se pasa por una etapa de fuerte desarrollo, de manera que los niños y niñas en estas edades podrán concentrarse más tiempo dado que su voluntad y motivación por aprender es mayor.

- Es necesario sistematizar las prácticas de velocidad con juegos, por ejemplo de relevos, persecuciones, etc. y las capacidades que le afectan. Una de las cosas que más nos deben **preocupar** es que nuestro alumnado aprenda a **correr bien** (habilidad básica de la carrera). También debemos considerar que al aumentar la fuerza, flexibilidad y coordinación mejoramos, **indirectamente**, el nivel de velocidad.

- Debido a que el S. Nervioso Central **madura** relativamente **pronto** (10-12 años), sus posibilidades de "modelado" pueden desaparecer si la velocidad no se trabaja desde la infancia.

Resumimos la **evolución** de la Velocidad en la siguiente tabla (Torres, Párraga y López, 2001):

EVOLUCIÓN DE LA VELOCIDAD EN LAS EDADES DE EDUCACIÓN PRIMARIA	
1º Ciclo	Mejora de la velocidad por maduración del sistema nervioso y aumento de la coordinación.
2º Ciclo	Mejor encadenamiento de movimientos en el espacio-tiempo. Mejora de la velocidad gestual o acíclica.
3º Ciclo	Sigue incrementándose la velocidad que ya empezó en el ciclo anterior, por aumento de la fuerza y coordinación.

Podemos resumir algunos de los **factores** que influyen en su desarrollo, en:

- **Factores de índole muscular.**
    - La rapidez de la contracción muscular, así como la cantidad de masa y su facilidad para elongarse.
    - Del tipo de fibra, elasticidad y de su viscosidad, la blanca es más veloz.

- *Factores de índole nerviosa.*
    - Acción del estímulo en los receptores y la transmisión de los mismos por vía motriz.
    - Capacidad de excitación de la placa motriz.

- **Otros factores**.
    - Grado de coordinación y equilibrio. Técnica de carrera.
    - Cansancio. Capacidad de atención y fuerza de voluntad.
    - Intensidad y tipo de estímulos.
    - Edad, sexo y altura del individuo.

Durante la Etapa Primaria, podemos **valorar** la velocidad de desplazamiento a través de test de 30 ó 40 metros lisos. La velocidad-agilidad a través del test de tacos.

5. FLEXIBILIDAD. SU EVOLUCIÓN Y FACTORES QUE INTERVIENEN EN SU DESARROLLO.

La flexibilidad ("flexolasticidad" y "amplitud de movimiento" -ADM- para algunos autores), como capacidad del aparato motor, es calificada por muchos como capacidad básica y por otros como derivada o secundaria. Hoy día es más valorada para el mantenimiento de la condición física media (Reina y Martínez, 2003). Lo que está claro es que se trata de la única capacidad **involucionista**, debido a que se nace con mucha y se va perdiendo poco a poco, sobre todo con la pubertad, aunque las chicas son más propensas a tener mejor nivel que los chicos, al contrario que ocurre con la fuerza. El resto de las capacidades se desarrollan, pero la flexibilidad debe **mantenerse**.

5.1. DEFINICIÓN.

Casi todos coinciden en que se trata de un componente articular y algunos matizan que es algo más amplio. Torres (2005), la define como "*la capacidad de mover con la máxima amplitud músculos y articulaciones*". Hernández y Velázquez -coor.- (2004), la entienden como "*la capacidad de realizar movimientos de gran soltura y amplitud, en la que intervienen la movilidad articular y la elasticidad muscular*".

5.2. CLASIFICACIÓN.

Podemos establecer los siguientes grupos clasificatorios en función de:

a) Por el tipo de **ejercicio**:
- **Generales**. Implican la movilidad de grandes sistemas articulares.
- **Localizados**. Actúan sobre una zona determinada.
- **Especiales**. Imitación de un gesto deportivo

b) Por la **ejecución**, quién realiza la tensión (Freire, 2000):
- **Pasivo**. El esfuerzo lo realiza un compañero o un elemento externo
- **Activo**. El esfuerzo lo realiza el actuante
- **Combinado**. Alternar los dos anteriores

c) Por el **dinamismo** en la acción (Freire, 2000):
- **Estático**. Ausencia de movimiento. Por ejemplo, stretching
- **Dinámico**. Hay circunducciones, lanzamientos, etc.

5.3. SU EVOLUCIÓN Y FACTORES QUE INFLUYEN EN SU DESARROLLO.

Resumido de Generelo y Lapetra (1993), Dick (1993), Sebastiani y González (2000), Reina y Martínez (2003), Los Santos (2004), Cañizares (2004), Forteza y Ramírez (2005), Ruiz Pérez (2005), Morante (2005), León (2006), Gómez Mora (2008), Rosillo (2010), González y Navarro (2010), Legaz (2012), (González, Pablos y Navarro, 2014) y Anselmi (2015).

La evolución de esta capacidad a lo largo de la vida tiene unas características muy determinadas, las cuales nos pueden servir como referencia a la hora de desarrollarla en las distintas edades. A los pocos meses de nacer es cuando se tiene la máxima movilidad, a partir de ahí va disminuyendo de forma lenta hasta que viene la fase puberal o de desarrollo del niño, donde el gran incremento óseo y muscular repercute en un descenso inevitable de esta capacidad, que seguirá disminuyendo de forma progresiva hasta la vejez.

Resumimos la **evolución** de la Flexibilidad en la siguiente tabla (Torres, Párraga y López, 2001):

EVOLUCIÓN DE LA FLEXIBILIDAD EN LAS EDADES DE EDUCACIÓN PRIMARIA	
1º Ciclo	Gran nivel por falta de osificación del esqueleto y elasticidad de tendones y ligamentos.
2º Ciclo	El desarrollo natural y el juego mantienen los buenos niveles de flexibilidad. Hasta los 10 años se mantienen los niveles cercanos al 90%
3º Ciclo	A partir de los 11 años la flexibilidad coxo-femoral desciende. De 11 a 14 años, se mejora la movilidad de la columna y del cinturón escápulo humeral. La flexibilidad se mantiene más en las chicas que en los chicos.

A partir de aquí el objetivo debe ser el mantenimiento de la misma, de forma que no se produzca un rápido descenso.

Podemos resumir algunos de los **factores** que influyen en su desarrollo, en:

- **Movilidad Articular**. Es una característica de las articulaciones que se refiere a la amplitud de los movimientos que puedan generarse en cada una de ellas.

- **Estiramiento Muscular**. Proceso de alargamiento del grupo muscular que ha sido sometido a una fuerza horizontal y provoca un aumento en la longitud de éste.

- **Elasticidad Muscular**. Capacidad del músculo de volver al punto inicial.

- **Reflejo miotático**. Se produce cuando un músculo se estira y, como reacción, provoca su contracción para prevenir la lesión.

- **Herencia**. Las características genéticas establecerán la primera condicionante del grado de flexibilidad del individuo. Existen diferencias en cuanto a la raza, sexo, edad y constitución.

- **Temperatura, cansancio y fuerza**. Determinados factores ambientales favorecen o inhiben esta capacidad. El frío y el trabajo muy intenso intoxican hasta cierto punto la musculatura quitándole elasticidad e inhibiendo, por lo tanto, a la flexibilidad.

- **Edad y sexo**. Hasta los diez-doce años el nivel de flexibilidad es bueno, pero a partir de esa edad tiende a deteriorarse si no se trabaja oportunamente. Las chicas son más flexibles, generalmente, que los chicos.

Complementariamente comentamos que un buen grado de flexibilidad permite tener un mayor rendimiento deportivo y un menor riesgo de lesiones, pero un **exceso** de flexibilidad (**laxitud articular**), tiene unos efectos perjudiciales. Debido a que la falta de flexibilidad ocasiona deterioro en la coordinación, facilita las lesiones, impide buenos gestos deportivos y predispone a la adquisición de defectos posturales, un programa adecuado de flexibilidad tendrá una **influencia** decisiva sobre los siguientes aspectos:

- **Relajación muscular**. La falta de relajación disminuye la percepción y favorece el gasto energético.

- **Postura y simetría**. La flexibilidad facilita desarrollar todo el cuerpo por igual.

- **Eficiencia motriz**. Al hacer arcos articulares más amplios, se mejora el nivel de habilidad.

- **Prevención de lesiones**. Una articulación con poca movilidad se "romperá" al hacer un gesto con una angulación superior a la normal.

En cuanto a su valoración podemos hacer el test de flexibilidad profunda (tabla) o el de Wells.

CONCLUSIONES

Este Tema incide sobre un estudio genérico sobre las capacidades físicas básicas. Es la base y se complementa con el 17 y 18 que son más de aplicación a Primaria. Las hemos visto de forma independiente y cómo evolucionan en las edades propias de la Etapa. Que nuestro alumnado posea un buen nivel de condición física es fundamental para que tengan un grado de salud aceptable. También influye para que tengan un ritmo de juego que les permita participar con los demás en las actividades lúdicas propias de la edad, sobre todo en el segundo y tercer tiempo pedagógico que es donde se establecen las relaciones socio-afectivas. Destacar que las capacidades físicas no las debemos trabajar de forma independiente, sino globalmente y como factor de ejecución de la habilidad motriz.

BIBLIOGRAFÍA

- ÁLVAREZ DEL VILLAR, C. (1983). *La preparación física del fútbol basada en el Atletismo*. Gymnos. Madrid.
- ANSELMI, H. (2015). Preparación física: teoría y práctica. Kinesis. Armenia (Colombia).
- AVELLA, R.; MALDONADO, C.; RAM, S. (2015). *Entrenamiento deportivo con niños*. Kinesis. Armenia (Colombia).
- BATALLA, A. (1995). *El rendimiento en la iniciación deportiva*. En BLÁZQUEZ, D. (coor.) *La iniciación deportiva y el deporte escolar*. INDE. Barcelona.
- BERNAL, J. A. -coord.- (2005). *La nutrición en la educación física y el deporte*. Wanceulen. Sevilla.
- CAMBEIRO, X. (1987). *¿Estás en forma?* Biblioteca de Recursos Didácticos Alhambra. Madrid.
- CAÑIZARES, J. Mª. (1997-2001). Colección *Fútbol: fichas para el entrenamiento físico*. (Cuatro volúmenes: Velocidad, Acondicionamiento Físico, Fuerza y Coordinación-Equilibrio). Wanceulen. Sevilla.
- CAÑIZARES, J. Mª. (2004). *Entrenamiento Deportivo*. En VV. AA. *Técnico deportivo de Fútbol. Bloque Común. Nivel 1*. C.E.D.I.F.A. Sevilla.
- CIRUJANO, M. (2010). *Capacidades físicas básicas en la educación secundaria obligatoria*. Visión Libros. Madrid.
- COMES, M. y Otros. (2000). *El ser humano y el esfuerzo físico*. INDE. Barcelona.
- CUADRADO, G.; PABLOS, C.; GARCÍA, J. (2006). *Aspectos metodológicos y fisiológicos del trabajo de hipertrofia muscular*. Wanceulen. Sevilla.
- DELGADO, M. y TERCEDOR, P. (2002). *Estrategias de intervención en educación para la salud desde la Educación Física*. INDE. Barcelona.
- DELGADO, M., TERCEDOR, P. y TORRE, E. (2008). *Métodos y técnicas para el conocimiento y mejora de la comunicatividad y expresividad personal y sus repercusiones en la calidad de vida*. En CUÉLLAR, Mª J. y FRANCOS, Mª C. *Expresión y comunicación oral*. Wanceulen. Sevilla.
- DICK, F. W. (1993). *Principios del entrenamiento deportivo*. Paidotribo. Barcelona.
- EDWARDS, S. (1996). *Corazón inteligente*. Dorleta S.A. Madrid.
- FORTEZA, A. y RAMÍREZ, E. (2005). *Teoría, metodología y planificación del entrenamiento deportivo*. Wanceulen. Sevilla.
- FREIRE, A. (2000). *Capacidades de transmitir tensión. Capacidades de obtener y utilizar energía*. En TRIGO, E. *Fundamentos de la motricidad*. Gymnos. Madrid.
- GARCÍA MANSO, J. M. et. all. (1998). *La Velocidad*. Gymnos. Madrid.
- GENERELO, E. y LAPETRA, S. (1993). *Las cualidades físicas básicas: análisis y evolución*. En VV. AA. *Fundamentos de Educación Física para Enseñanza Primaria*. INDE. Barcelona.

- GENERELO, E. y TIERZ, P. (1994). *Cualidades físicas II*. Imagen y Deporte. Zaragoza.
- GÓMEZ MORA, J. (2008). *Bases del Acondicionamiento Físico*. Wanceulen. Sevilla.
- GONZÁLEZ BADILLO, J. J. y GOROSTIAGA, E. (2002). *Fundamentos del entrenamiento de la fuerza*. INDE. Barcelona.
- GONZÁLEZ RAVÉ, J. Mª y NAVARRO, F. (2010). *Fundamentos del entrenamiento deportivo*. Wanceulen. Sevilla.
- GONZÁLEZ, J. Mª; PABLOS, C.; NAVARRO, F. (2014). *Entrenamiento Deportivo. Teoría y práctica*. Panamericana. Madrid.
- GROSSER, M. (1992). *Entrenamiento de la Velocidad*. Martínez Roca. Barcelona.
- HAHN, E.: (1988). *Entrenamiento con niños*. Martínez Roca. Barcelona.
- HERNÁNDEZ, J. L. y VELÁZQUEZ, R. (2004). *La evaluación en Educación Física*. Graó. Barcelona.
- HORNILLOS, L. (2006). *Fundamentos de las capacidades físicas: resistencia, fuerza, velocidad y flexibilidad*. En VV. AA. Tratado de atletismo en el siglo XXI. Asociación Atlética Cultural Gallega.
- JUNTA DE ANDALUCÍA (2007). *Ley 17/2007, de 10 de diciembre, de Educación en Andalucía*. (L. E. A.) B.O.J.A. nº 252, de 26/12/2007.
- JUNTA DE ANDALUCÍA (2010). *Decreto 328/2010, por el que se aprueba el Reglamento Orgánico de las escuelas infantiles de segundo grado, de los colegios de educación infantil y primaria, de los colegios de educación primaria, y de los centros públicos específicos de educación especial*. BOJA nº 139, de 16/07/2010.
- JUNTA DE ANDALUCÍA (2015). *Decreto 97/2015, de 3 de marzo, por el que se establece la ordenación y el currículo de la educación Primaria en la comunidad Autónoma de Andalucía*. BOJA nº 50 de 13/03/2015.
- JUNTA DE ANDALUCÍA (2015). *Orden de 17 de marzo de 2015, por la que se desarrolla el currículo correspondiente a la educación Primaria en Andalucía*. BOJA nº 60 de 27/03/2015.
- JUNTA DE ANDALUCÍA (2015). *Orden de 04 de noviembre de 2015, por la que se establece la ordenación de la evaluación del proceso de aprendizaje del alumnado de educación primaria en la Comunidad Autónoma de Andalucía*. B.O.J.A. nº 230, de 26/11/2015.
- LEGAZ, A. (2012). *Manual de entrenamiento deportivo*. Paidotribo. Barcelona.
- LEÓN, J. A. (2006). *Teoría y Práctica del Entrenamiento Deportivo. Nivel 1 y 2*. Wanceulen. Sevilla.
- LEGIDO, J. C. y otros (2009). *Hipertrofia y crecimiento muscular*. En GUILLÉN, M. y ARIZA. L. *Las Ciencias de la Actividad Física y el Deporte como fundamento para la práctica deportiva*. U. de Córdoba.
- LÓPEZ CHICHARRO, J. y otros (2013). *Fisiología del Entrenamiento Aeróbico*. Panamericana. Madrid.
- LOS SANTOS, C. (2004). *Preparación física. Teoría, aplicaciones y metodología práctica*. Wanceulen. Sevilla.
- MANNO, R. (1999). *El entrenamiento de la Fuerza*. INDE. Barcelona.
- MARTÍNEZ, P. (1996). *Desarrollo de la resistencia en el niño*. INDE. Barcelona.
- MAYNAR, M. y MAYNAR, J. I. -Coords.- (2008). *Fisiología aplicada a los deportes*. Wanceulen. Sevilla.
- M. E. C. (2006). *Ley Orgánica de Educación (L.O.E.) 2/2006, de 3 de mayo, de Educación*. B. O. E. nº 106, de 04/05/2006, modificada en determinados artículos por la LOMCE/2013.
- M. E. C. (2013). *Ley Orgánica 8/2013, de 9 de diciembre, para la mejora de la calidad educativa*. (LOMCE). B. O. E. nº 295, de 10/12/2013.

- M. E. C. (2014). *Real Decreto 126/2014, de 28 de febrero, por el que se establece el currículo básico de la Educación Primaria.* B. O. E. nº 52, de 01/03/2014.
- M.E.C. (2015). *Orden ECD/65/2015, de 21 de enero, por la que se describen las relaciones entre las competencias, los contenidos y los criterios de evaluación de la educación primaria, la educación secundaria obligatoria y el bachillerato.* B.O.E. nº 25, de 29/01/2015
- MORA, J. (1989). *Colección Educación Física 12-14 años.* Diputación de Cádiz.
- MORENTE, A. (2005). *Ejercicio Físico en niños y jóvenes: programas de actividad física según niveles de condición biológica.* En GUILLÉN (coord.) *El ejercicio físico como alternativa terapéutica para la salud.* Wanceulen. Sevilla.
- NAVARRO, F. (1998). *La Resistencia.* Gymnos. Madrid.
- PERAL, C. (2009). *Fundamentos teóricos de las capacidades físicas.* Visión Libros. Madrid.
- PÉREZ TURPIN, J. A. (2012) *Bases del análisis del rendimiento deportivo.* Wanceulen. Sevilla.
- PIÑEIRO, R. (2006a). *La fuerza y el sistema muscular.* Wanceulen. Sevilla.
- PIÑEIRO, R. (2006b). *La resistencia y el sistema cardiorrespiratorio.* Wanceulen. Sevilla.
- PIÑEIRO, R. (2007). *La velocidad y el sistema nervioso.* Wanceulen. Sevilla.
- PORTOLÉS, J. (1995). *Estudio de la fuerza y métodos y medios aplicados.* En MORA, J. (coord.) *Teoría del entrenamiento y del acondicionamiento físico.* COPLEF. Cádiz.
- REINA, L. y MARTÍNEZ, V. (2003) *Manual de teoría y práctica de acondicionamiento físico.* CV Ciencias del Deporte. Madrid.
- ROSILLO, S. (2010). *Cualidades físicas. Plan educativo de hábitos de vida saludable en la educación.* Procompal. Almería.
- RUIZ PÉREZ, L. M. (2005). *Moverse con dificultad en la escuela.* Wanceulen. Sevilla.
- SEBASTIANI, E. y GONZÁLEZ, C. (2000). *Cualidades físicas.* INDE. Barcelona.
- SEGOVIA, J. C. (2009). *Pruebas de valoración de la contracción muscular.* En GUILLÉN, M. y ARIZA. L. *Las Ciencias de la Actividad Física y el Deporte como fundamento para la práctica deportiva.* U. de Córdoba.
- TORRES, J.; PÁRRAGA, J. A. y LÓPEZ, J. M. (2001). *Tratamiento de los contenidos de la condición física-salud y su evolución en los ciclos de enseñanza primaria.* Espacio y Tiempo. Revista de Educación Física. Nº 33-34. A.P.E.F. Almería.
- TORRES, M. A. (2005). *Enciclopedia de la Educación Física y el Deporte.* Ediciones del Serbal. Barcelona.
- WEINECK, J. (1988). *Entrenamiento Óptimo.* Hispano-Europea. Barcelona.
- ZINTL, F. (1991). *Entrenamiento de la Resistencia.* Martínez Roca. Barcelona.

WEBGRAFÍA (Consulta en octubre de 2015).

http://recursos.cnice.mec.es/edfisica/
http://www.ite.educacion.es/es/recursos
http://www.juntadeandalucia.es/averroes/
http://www.gobiernodecanarias.org/educacion/webdgoie/
http://www.adideandalucia.es
www.juntadeandalucia.es/educacion/descargasrecursos/curriculo-primaria/index.html

www.ingramcontent.com/pod-product-compliance
Lightning Source LLC
Chambersburg PA
CBHW080457170426
43196CB00016B/2848